静思语

孝为人本
世界和平的守护力量

静思法脉丛书

释证严 著

静思
以冷静、清净之心
思考生命之来源、人生之方向、宇宙之真理
心在宁静境界中，心在清净无染中
用恬静之心念观看世间万物
生命与天地全然融合成一体

照见万物本质之实相
透彻虚幻不实之假相

此清净、坚定、超越之思想
就是智慧

——证严上人

上证下严上人

　　证严上人以其悲天悯人之宗教家胸怀，服膺上印下顺导师"为佛教、为众生"之慈示，秉持"佛法生活化，菩萨人间化"之理念，在"内修诚正信实，外行慈悲喜舍"精神贯彻下，渐次开展"慈善、医疗、教育、人文"以及"国际赈灾、骨髓捐赠、环保、社区志工"之"四大志业、八大法印"。事理相融、以浅喻深畅佛本怀，善导大众心存菩萨大爱，落实佛法于生活中，带动付出无求同时感恩之风气，达到"净化人心、祥和社会、天下无灾难"之人间净土目标。

静思法脉丛书

"静思法脉丛书"是为将证严上人开示法语依佛教经典、衲履足迹、人文专题、静思语录、上人全书、随缘开示、童书绘本、思想论述等八大书系结集成书。从计划性、系统性搜集资料、修润文稿以迄于汇整付梓，工程可谓浩大，影响自是深远，诚然是任重道远之笔耕弘法慧业。故有心有缘于此致力世界和平之理想者，不可以不弘毅，立愿以淡泊明志之心，悠游法海；立志以宁静致远之心，潜心留史，全体合和互协荷担使命，圆满个己之修心道业，完成天下之长治久安。

卷首序言　　　　　　　　　　　　　　释证严

心存孝敬真幸福，世界和平最吉祥

　　春夏秋冬，四季递嬗，循环往复。于晨朝或夜幕中遥望天边，有时孤星伴弯月，有时众星拱圆月，有时则黑云浓厚难见星月；不论天色如何，总是出以虔诚的心，祈祷四季风调雨顺。以宁静的心观天地万物、日月星辰，一花一草其理甚深。佛陀觉悟在宇宙之间，佛陀的心无处不在、无法不通，佛陀的心心包太虚、量周沙界；佛陀觉悟宇宙真理，无缘大慈、同体大悲，故名宇宙大觉者。

　　现代科学发达，我们可从而探讨佛学与宇宙的关系。如佛经中提到忉利天一天是人世间一百年，人的一生尚不及该天的一天，足见人生是何其短暂！就当今科学已知地球绕行太阳一周是三百六十五天，距太阳最近的水星，绕日一周是八十八天，易言之其一年是地球的八十八天，而海王星的一年是地球的一百六十多年，距离太阳最远的冥王星，其一年则是地球的二百四十多年。

行星绕行太阳各有不同的公转周期，足见科学可以印证佛陀所说三千大千世界并非凭空说有，天地之间本来就有这些星际现象，然则人都不知不觉地生活着。从宇宙来看人生，人其实很微小，还有什么好计较的呢？

宏观天下乾坤开阔，了解天下事愈多就愈担心。普天之下有四大地水火风不调引起的灾难，也有人心欲念无法控制导致的争端。事实上，心灵的不调较气候的不调更是危机重重，就因心灵的纷乱使得自然法则乱序，以致整体大环境步入危险处境。

佛陀于约二千六百年前，已预言未来的世间会是五浊恶世，将有四大不调大小三灾并起。佛陀过去说的未来就是现在，现在正是五浊恶世！当今世界不就如佛陀预言,不论是大三灾水、火、风灾,或小三灾饥馑、瘟疫、战乱,任何灾难发生莫不都成为天下大事,国与国之间相互影响彼此波及,真是苦不堪言。

期待推动"一人一菩萨",每个人都再去影响一个人,用心度化近在身边的同学、同事与亲友;甚至更发心致力"一日一菩萨",每人每天度化一个人,如此爱的能量无微不至,净化人心的力量增加,才能在五浊恶世末法时代,会聚有心人挑起弘法利生的精神,推动佛法在人间,否则再不快就要来不及了。

人生要培养爱心是何其困难!平安地方的人,总不知有灾有难人的苦,这就是令人担心之处;犹如佛陀之教示,天堂无缘可造福故无佛可成,并且福报享尽后即堕落其他道中。已知佛法欲行正法,就要在福中增智慧,于平安时就要启动爱心,深体别人的苦、深知别人的苦,进而发挥爱心解脱别人的苦,能如此就是有智慧的人。

人帮人、邻帮邻、里帮里、国帮国，能身为平安人去帮助别人、及时付出自己的爱心，知道对方已经得到帮助，我们的心总是会感到很轻松、很自在、很欢喜。每个地方，人与人彼此之间都是好朋友、好亲戚，这不就是温馨美好的世界！

　　人人都有一分爱心，都有一念纯真，付出这股心宽念纯的爱的能量，以感恩心来行菩萨道，所行之处地生莲花，世间多清净；将清流推动到人心中，法水滋润心生欢喜，世间多美好！爱的能量真可爱，看到有爱在人间，多么吉祥！

　　人之本在于孝，能孝敬就有福，从个人回归善性之孝行做起，如涟漪圈圈扩大，及于小家庭的家人之间、中家庭的人伦之间以至大家庭的天地之间，人人力行孝道进而自爱爱人、敬天爱地，万物才能共生息，天下才能风调雨顺，世界才能和平无灾难。

目次

卷一
人之本
——以孝为本，本立道生

第一章
涵养孝心
019

第二章
守护善性
031

卷二
小家庭
—— 家人之间，孝悌为美

第三章
教养家规
043

第四章
家庭幸福
055

卷三

中家庭
——人伦之间，以和为贵

第五章
修养品格 065

第六章
社会祥和 107

卷四
大家庭
——天地之间，共生共荣

第七章
长养器量　　　　　　　　　　　　　　133

第八章
天下无灾　　　　　　　　　　　　　　183

卷一

人之本
——以孝为本，本立道生

孝养父母是天经地义之事，
照顾好自己的身体与生活礼仪，
是自爱报恩；
自爱的人，才会爱别人、为社会付出，
此即付出感恩。
自爱报恩、付出感恩，
就是最有意义的人生。

涵养孝心

【第一章】

孝为人本

"孝"是为人之本,如人离不开孕育万物的土地,子女也不能偏离"孝"。

借父母的缘来人间

过去生与父母有缘,今生借父母的缘来到人间,对父母孝而顺之,是为人子女的本分事。

有礼有节有方向

孝亲,是做人的礼节;人伦,为生命的方向。

人伦之始,美善之兴

人伦,始于亲子之情;美善,兴于孝亲之念。

以清明之心顾好道德之本

清明节的"清"是不受污染,"明"则心境明朗;慎终追远、饮水思源,重要的是照顾"德本"——人伦道德之本源是孝,身为人子应守心清明,感念亲恩,善尽孝道。

清净佛心

孝养双亲的心,是清净的佛心。

孝不离敬

敬，是表现于外的孝心。

供养父母

对父母不孝，敬神也无益；孝养，是为人子女应做的供养。

让父母欢心

让父母欢喜、安心，就是孝顺。

善顺亲心

"孝"的方式是"顺"——善顺亲心莫忤逆。

美丽的孝亲图

为人子女体贴父母心意,但见尊亲开颜笑,全家和乐融融,这是多么美丽的孝亲图!

最温馨、贴心的表情

子女发自内心的敬重,展现的真心笑容,对父母而言,是世上最温馨、贴心的表情。

撒播善种，收获幸福

感念亲恩，是为人生撒播善种；孝顺父母，则能收获幸福果实。

家有孝必兴旺

孝是家庭的根，家若没有孝道，不会兴旺；就如树没有根，枝叶无法茂盛。

要及时

行善、行孝，不能等。

以孝创造善循环

长养孝心,就能创造爱与善的循环。

父母负责任,子女尽本分

呵护、养育子女是责任;孝顺、供养父母是本分。

顺乎伦常心自在

逆伦理而行,人生多坎坷;反哺报亲恩,心安常自在。

大孝即大爱

大孝之心,即是大爱之心。

植福·祝福

祈求菩萨赐福,不如孝敬父母植福;父母的赞赏,是子女最大的祝福。

说声爱

千拜万拜不如对父母说声爱。

父母为堂上活佛

父母为堂上活佛,向父母问安,如同拜佛;让父母欢喜,意即供佛;父母的祝福,胜于求佛赐福。

长养生命,成就慧命

孝养双亲,以报养育生命之恩;敬重师长,以谢成就慧命之恩。

善体亲心

重视父母的感受,用贴心实践孝道。

既孝且顺

孝敬父母,不仅物质奉养,还要和顺、尊重,才是既"孝"且"顺"。

恒久不息的爱

父母之爱恒久不息,子女唯有孝顺,方能回报。

尽孝享天伦

多尽一分孝亲心,多享一分天伦乐。

立身行道

真正的孝顺，是立身而行道。

大福之人

懂得慈心孝顺，众所爱敬；能够知恩反哺，乃大福之人。

孝是福

孝就是福，懂得孝顺父母就有福。

【第二章】 守护善性

孝心奉养，守护善性

孝心奉养父母，回归传统伦理道德，才能美化心地、守护善性，创造人文之美的世界。

孝道通，善道正

孝道走得通，善道才能毫厘不差。

守住孝与善，天下无灾难

若要做一个好人，消弭天下灾难，就须守住行孝行善的生活规则。

净化人心,美化人生

守伦理,以净化人心;报亲恩,以美化人生。

为己造福,为亲积福

在社会上付出,做一个为己造福、为亲积福的孝子,让父母感到光荣。

不辜负父母

每天要感谢父母与众生,一生所作不要辜负父母与众生。

幸福之始

家庭的幸福,从"孝"开始。

传家之宝

以善以爱传家,是无上至宝。

生命不易,好好珍惜

生命来到人间不容易,有无常变化的可能,有母亲生育的辛苦,有医疗守护的用心,有社会助成的因缘;能珍惜生命,为人群付出,才是人道伦理精神的实践。

珍惜生命，创造价值

珍惜生命，并非视身体如珍宝，存放于保险箱中，舍不得付出；而是要发挥良能，创造人生价值。

生日是母难日

生日是母难日，应虔诚忏悔己过、积极付出。

行善报恩耕福田

行善，不仅上报父母恩，也能为子女耕福田。

捐血三好

捐血不仅能救人命,还能促进新陈代谢,有益健康;用健康的身体布施行善,即是报答父母恩。

化无用为大用

捐赠器官、大体,是以身体利益众生,化无用为大用,延续大爱在人间。

先人德泽,后世不忘

祭祖的意义,在于追思先人之德,同时传德予子孙,让后代不忘本。

陪伴父母造福德

陪伴父母付出助人,是让父母自造福德。

自杀罪业有三

自杀所犯的罪业有三:一,杀害父母所赐的身体,犯不孝罪。二,造自杀罪业。三,犯遗弃父母、伴侣和子女的罪。

真善美的人生

纯良的孝是"真",付出的行动是"善",和合而成"美"好人生。

尽孝即是教育

尽孝的同时,也就是在教育子女人伦道理。

孝亲、尊师、奉献社会

在家孝顺父母,报亲恩;在校尊师重道,报师恩;在社会奉献良能,报众生恩。

孝敬长者

孝顺有亲有缘的父母,也要扩大孝的范畴,孝敬天下长者。

为人间奉献尽大孝

表达孝心并非应时应节送礼,而是尽大孝为人间奉献,让父母天天开心,日日以子女为荣。

父母在与不在时

父母在世,恪尽孝道,阖家圆融幸福;父母不在,慎终追远,守好道德本源。

爱是平等,孝是尊重

爱是平等的,对众生要爱惜;孝是尊重的,对父母要孝敬。

善与爱来自孝

至诚之善来自孝道,守好做人的根本,不忘孝思和报恩,才有发自内心最诚恳的大孝与大爱。

第二章 · 守护善性

卷二

小家庭
——家人之间,孝悌为美

中华文化之美,美在有伦理道德。
家庭伦常顺乎天理,夫妻之间相敬互爱,
亲子之间父慈子孝,手足之间兄友弟恭,
一家和乐是人间美丽的天伦画面。

【第三章】 教养家规

教养的重点

教养,着重于培育心灵健康的种子。

浓淡适宜

对孩子爱得太多,就像一杯浓咖啡,苦得不好入口;将爱分给他人,如同冲淡苦味,不但好喝,还能与更多人分享。

疼而不宠

对子女要"疼而不宠"——疼是深刻贴心,能成就未来;宠是一时溺爱,欢喜却短暂。

智慧的教导

善用智慧,教导子女以平常心面对社会竞争,培养韧力接受现实生活。

对子女要放心

父母过分爱子女的心力,会反射成为子女的烦恼。对子女要放心、宽心,他们才能安心。

爱入骨髓

父母对子女,要爱入"骨髓"——增长子女智慧;而非爱在"表层"——只求生活舒适。

好模样

父母是孩子的"模",老师是学生的"样";以好模样,培育孩子正确的人生观。

永久的学校,终生的老师

家庭是永久的学校,父母是终生的老师。

父母的身教是孩子的家教

孩子自小见闻父母的身教,看在眼、听在耳、清楚在心;心地温良和善,举止动作优雅,是展现个人修养,也显出良好家教。

直接的身教，处世的范本

夫妻间相处的言行，对子女不仅是直接的身教，也将是子女们的处世范本。

教导互助之道

应教导子女了解世间有苦难人，人与人之间要相互帮助，从小存零用钱捐扑满帮助人，将来受人帮助也要感恩回馈。

不迷失于追逐名牌

为人父母以身作则为人品典范，才能教育孩子尚俭朴、明事理，不迷失于追逐名牌的无尽物欲中。

女众扮演多功能角色

女众扮演着人媳、人妻、人母的多功能角色,于己、于家、于社会都有重要影响,所以须娴熟家务,有伦理道德情操。

持家有道

居家懂得待客奉茶之道,善于整理布置家庭,落实礼仪与美感于生活中,持家有道才能提升家庭生活品质。

如规如矩，如礼如仪

人文教育从小扎根，静心端坐有规矩，泡茶、奉茶、接茶、饮茶等日常行为，也须具足礼节与威仪。

为父母长辈奉茶

感念父母养育、爱护深恩，孩子为父母奉茶、洗脚，乃至于服侍其他长辈，都是美好的教育成果。

有威仪才有气质

气质不在财富多寡,是在语默动静、衣食住行的举止动作有威仪。

内心美、形象美

整齐素雅的形象,代表个人内心之美;内心美、形象美,内外皆美即是品德之香,此德香无处不在,虽无形但可以感觉得到。

草木有活力也有魅力

家庭主妇,要在家庭中落实花道,亲手整理庭院、布置美化环境,让每个角落的一草一木展现其独特的活力与真善美的魅力。

心花供佛

所谓献花供养,无论是供花庄严道场,或在佛前恭敬献花,重要的是以"心花"供佛——用如花般最美的心灵来供养。

动静之美

真善美就在生活中,要从自己做起,心有静之美,行有动之美;心境调和好,仪表整理好,才能美化外在的生活环境。

晨起扫地也是教育

每天清晨早起扫地,虽然动作简单,却也是一种教育,警惕自己不只要打扫可见的外境,内心世界更要日日除旧布新;就如日除尘沙才不会积久难清,将心照顾好不起杂念,才不会习气垢重。

有礼仪才有伦理，有伦理才有人性

无论是小圈圈的家庭教育、中圈圈的学校教育以及大圈圈的社会教育，都需要重视礼仪；有礼仪才有伦理，有伦理才能守住善良人性。

家庭幸福

【第四章】

孝道是伦理道德基石

兄弟之间手足不和,对父母是无形的精神虐待;妯娌之间常生嫌隙,会造成父母莫大的痛苦。孝道是伦理道德的基石,父慈子孝,兄友弟恭,家庭和乐融融,社会必然长治久安。

开通心路

俗云"家家有本难念的经",经难念是心路不通,只要打开心结,互爱互动,心路开通,家庭就能和睦。

爱心是"道源"

丰富的爱心是"道源"——人生道路的源头;人人有丰富的爱心,家庭就能走向兴旺,社会才会充满祥和。

各有因缘,各有学习

来到人间各有因缘,家人善缘相会,要更上层楼生生世世结福缘;家人业缘共聚,要开心解结莫再续恶缘。

家家都是养老院

家,是最好的养老院,让父母常享子孙承欢膝下之乐。

好人好事好幸福

父母带领做好事,子女学习做好人,好人、好事共筑幸福之家。

善待家人

美好的品德从善待家人做起,给父母一个被呵护的晚年,给伴侣一个被尊重的感觉,给子女一个可学习的榜样,家庭生活就会如沐春风。

好品质的生活

家庭和乐,社区敦亲睦邻,人与人之间互爱相勉励,这就是好品质的生活,最幸福的人生。

夫妻同心善尽责任

人生要有责任感,夫妻同心照顾好家庭,给予家人稳定的家,彼此相互体贴、忠诚与贞洁,才有美好的人生。

维持幸福与祥和

家庭需要亲子感情融洽来维持幸福,社会需要每个人自我规范来维持祥和。

第四章・家庭幸福

温馨的居家天伦乐

难得长假可以陪伴家人,在家享受全家团圆的天伦之乐,是人生最温馨的时光!

父母之爱

父爱似朝阳,照亮家庭,让孩子充满希望;母爱浩连天,为家付出,天空海阔无边际。

爱要由近及远

爱,要从最亲近的父母、伴侣及子女开始做起,并及于人与人之间有爱的互动,社会就能丰衣足食,天下就能风调雨顺。

积德胜于积财

勤俭待己，付出助人，是为子积德，胜于积财传家。

父母的期望

伤在子女身，痛在父母心，损伤自己的身体是大不孝。父母的期望无他，只盼孩子健康平安、正正当当做人做事。

感恩惜福

父母对子女的爱，永恒不变；师长传授知识，稳定我们人生的道路；各行各业的付出，使我们生活无缺，所以要感恩惜福，及时行孝行善。

父母心如针包

父母心,如针包,虽然针痕累累,插满对孩子的牵挂与关怀,却从不以为苦。

相聚时珍惜,分别时祝福

人生难免有恩爱离别之苦,面对至亲辞世,心思莫绕在已无法改变的境界中;聚散皆因缘,相聚时彼此珍惜,分别时就要看开,并且祝福对方。

人生如戏

人生如戏,日常的观念就是在写剧本,自己的言行就是在任导演,编、导、演都是自己的作为,所以要顾好自己的心。

卷三
中家庭
——人伦之间，以和为贵

天地宇宙间，所有生命群居所在，
有"和"才有幸福，不和不善就不圆满。
调和身心，去除不好的习气，
人人亲如一家人，相处以和为贵，
社会就会充满好人好事，洋溢温馨淳朴的人情。

【第五章】 修养品格。

修得涵养

修养,修得一分涵养,自己看人欢喜,也让人看见自己心生欢喜。

把人先做好

"人"能做得好,"事"才能做得对。

心宽念纯

心宽包容人间事,念纯才有感恩心。

贴近人心

放大自我,妨碍他人亲近;缩小自己,即能贴近人心。

善解与包容

用"善解"转化烦恼,用"包容"宽谅一切。

心事倾诉,心量放宽

遭遇困难,宜对人倾诉,然后心量放宽,免于郁积于心,无明狂风大作,伤害自己的心灵。

堪忍走长路

人间起起伏伏,世事波折难免,心生愤恨苦难多,堪忍才能走长路。

提起精神力

万物都有神灵,人也有"精神",只要提起精神力,就有魄力调伏己心,自然待人接物和气,人间世事和顺,天地四大调和。

忏悔、发愿如双足前进

忏悔、发愿如人之双足,忏悔洗涤心灵垢秽之后,发心立愿不再犯错,才能改往修来、不断进步。

克服习气的刹那间涌现价值感

改变习气是在一念间,总是不改就会放在心里不断挣扎;只要克服一刹那的心态,说改就改就会涌现生命的价值感。

戒如绳索、墙垣

戒如定出界址的绳索,不能跨绳越界;亦如分出内外的墙垣,不能非分逾墙。持戒于心,就不会脱轨犯错。

改除习气是自我成就

改除习气不是要求别人改变,能够改除自身习气,也是自我成就。

拓宽心灵平台

不知过错、不思改进的人，人际关系难以密切融洽；常思己过并且改过的人，心门打开与人心灵交会，就能拓宽心灵平台，人际之间更通顺。

很多的"我"

习气，是我相的表现；习气难改，是因为执著我相。放不下自己，有很多的"我"，就无法圆融人事。

用真诚化解隔阂

真诚的言行，能化解人与人之间的隔阂。

供养无量诸佛

娑婆世界是修行道场，以天下众生为师，视人人为佛，待以感恩、尊重、爱，如同供养无量诸佛，即能成就福慧之德。

随缘自在

做人，要有洒脱的胸襟；处事，要有无畏的勇气，放下计较、得失，就能随缘自在。

好缘的助力

广结好缘，行事会有助力；若结恶缘，做事易遭阻力。

用感恩心重新结好缘

与人不投缘,是过去自己未与对方结好缘,莫再生主观成见而起排斥心,应以感恩心对待任何人。

恶缘相遇时

今生此世恶缘相遇,心中记恨会纠结不清,心生忏悔则消解恶业;打开心门转恶缘为善缘,即为真忏悔。

人生的养分

逆境,是人生的养分;体会逆境之苦,以同理心助人。

顾好"缘"字

做人要顾好"缘"字,柔和声色与人结好缘,才不会结怨连仇而相互障碍。

常怀欢喜心

常怀欢喜心,即使遇到逆境也能转念开心;总闷闷不乐,遇到任何境界都会自我缠缚。

食物与药物

友善的人,如供给营养的食物,帮助我们养就健康的身体;不友善的人,如疗病服用的药物,帮助我们修养容人的雅量。

后悔与忏悔

该做的没做，会后悔；不该做的做了，应忏悔。

价值观与价钱观

做人的"价值观"比"价钱观"重要——价钱有限，品格的价值无量。

得失心产生空虚感

在思想复杂的社会，要建立正信的因缘果报观，顾好一念清净心，就会感到轻安自在；否则得失心与贪婪心产生空虚感，就会沉迷在非正信的怪力乱神中。

欲望如水患，是非如病毒

人心欲望如水，若欲望深重如常受水患，将使品格沉沦；人心存放是非，若是非不除如感染病毒，将致心灵灾难。

贪利必有害

"利"在前，"害"在后；贪利图乐，即埋下祸端。

有爱得人敬重

有钱，不一定让人尊重；有爱，才会令人敬重。

想有不想缺,就有幸福感

不想缺少什么,想想拥有什么,就会有幸福感。

贫贱因与富贵因

己不行善成贫因,阻碍行善得贱因,随喜赞叹是贵因,身体力行为富因。

求不满足

纵是家财万贯,生不带来死不带去;即使富甲一方,愈多愈求愈不满足。

时时保持觉性

待人处事时时保持觉性，觉知人都有优缺点，缺点以为警惕，优点加以学习；遇到任何困难的事或难以相处的人，都要提起觉性、耐心沟通，直至能相互了解，如此智慧才能成长。

冷静与毅力

以冷静面对无常，用毅力渡过难关。

切磋琢磨

钻石经过琢磨，才会璀璨耀眼；人要相互切磋，才能锻铁成钢。

世事锤炼柔软心

麻糬是粒米经过无数次捶打、揉搓后,才成柔软有弹性的美味点心;人在经历世事锤炼后成就柔软心,自然任何境界都不碍心。

力行胜于理论

行经一句,胜于理论万篇;法若不力行,即使精通佛典,境界现前,也会自乱方寸。

虽无争也要尽本分

处世与人无争,但也要尽本分,即使别人有意障碍,自己心里明白就好,依然坚持对的方向,默默做好分内之事。

念念无私

念念无私,心胸开阔豁达;时时计较,心狭难容人事。

反省与感恩

在静思中反省,在平安中感恩。

多一点,少一点

心中的爱多一点,贪欲就会少一点;感恩多一点,争执就会少一点。

人生可贵的价值

人生富有亲情、友情、温情,成就可贵的价值。

以爱以智

以爱宽恕错误,以智引导改过。

不同的行为,两样的人生

所作所为让自己懊恼、他人厌烦,人生苦不堪言;及时付出令他人欢喜、自己感恩,则人生充满价值。

以善心待人处世

用善心待人,处处洋溢希望与祥和;以恶念处世,时时涌现烦恼与不安。

坎坷路用心走，平滑路细心踏

凡事不能想做就做，即使道路平坦光滑，急于跨大步也会滑倒。坎坷路用心走，平滑路细心踏，人生道路才能很稳健。

忍一时辛苦，得一世幸福

健康要靠自己努力，生活颠倒是埋伏病根，烟酒贪欲是污染身体；调整不正常的作息，戒除不良的饮食习惯，能忍一时的辛苦，就能得一世的幸福。

养生之道

有正念而无欲念，就是最好的养生之道。

言行合一

培养人格，不能说而不做；言行合一，才能影响他人。

在大声的那一刹那输了

不要以为说话大声，别人安静，就表示气势赢了，其实是别人不想理会；所以在大声的那一刹那，是自己输了。

以柔软心说话，以真诚心听话

说话的人用柔软心来说，听话的人用真诚心来听，说与听都用开阔的心，彼此就能欢喜接受。

不要伤到人,也不要受伤害

说话要小心,避免不知不觉伤到人;听话要宽心,即使别人有意伤害,听入耳里都要善解,才能烦恼不住心。

听到的话是圆的,不是尖的

日常生活要多善解,任何话到心中来都是圆的,才能轻安自在;若都是尖的,钻牛角尖就容易被伤害。

看德行，听说话

要看一个人的德行，就是听他如何说话，用恶言恶语伤了别人，其实是伤害自己，因为对自己的德有损；所以要培养口德，说对人世间有益的真实语、柔软语、爱语。

说话要警觉，走路要留意

说话之前，少一秒钟的警觉，就会说错话；走路之时，有一瞬间没留意，就会踏错步，所以时时都要多用心。

要精进，不要紧张

日常生活要精进，但不要紧张。精进是分秒用于正向，步步踏实，轻安自在；紧张则来自于得失心，患得患失，才有压力。

不要认老

人生的价值观应该是"不要认老"，珍惜光阴勤付出，年月分秒莫自我懈怠，短暂人生莫自我凋零。

不要觉得委屈

敞开心胸,莫过于在意别人,心不要轻易纠结,动辄自觉委屈,耿耿于怀而疏远与人的好缘。

莫自打苦结,亦莫被人的苦结纠缠

人生即使很幸福,若心结打不开,也难有幸福的感受;莫自打苦结而自受其苦,莫被人的苦结纠缠而受其影响,就能悠然自在。

不争理、不计较

不要事事都要论理，理说太多，感情就薄；计较太多，则伤感情。不争理、不计较，能过就过，能包容就加以包容，如此才能相安无事。

丝毫怨恨都不放在心

以智慧克服心灵的不平，丝毫怨恨都不放在心，否则日积月久成瞋火，星火燎原将不堪设想。

转念，忍气

转一念心，为别人设想；忍一时气，以悲智任事，则人事圆满。

乐于跟随

高高在上，不易得人尊重；放下身段，让人乐于跟随。

人心自有评价

要怜悯别人无礼的形象,无须重重压在心上;其实人心自有评价,对雍容大度的人会给予高度赞赏,这就是分分己获,各人修、各人得。

包容、尊重异己

每个人看事情的角度、做事的方法各有殊异,放下身段不执己见,遇到困难不起退心,遇到境界不发脾气,禁得起考验,才能圆满人事。

不要做让人害怕的人

动辄指责他人或冷漠以对,徒然令人害怕并使自己陷于孤单中;与人相处温和柔顺,不求别人对自己好,但求自己对人好,如此人生才可爱。

第五章·修养品格

发大愿力的人必能缩小自己

真正发大心立大愿的人,必定能放下身段、缩小自己,与人合群互助;自我膨胀的人,就会排斥别人,无法与人交心和谐,在人际之间造成裂痕或形成鸿沟。

缩小自己才有分量

有心做事的人就要自我精进,加强在别人心中的分量,若总教人看重自己,只是徒然让人看轻;唯有缩小自己才能在人心中有分量,才能被人看重。

只知道自己,不知道别人

凡夫就是反复无常,掌握不住自己,明知要为大局着想,一旦涉及本身利害关系,就只知道自己,不知道别人的存在。

是才识成长或慧命增长？

凡夫心重的人，总沉于人我是非之中，即使才识有所成长，慧命却停滞甚或萎缩；心若清净无染，人我是非不放心上，表达谦柔宽容的涵养，即能体证真理而慧命增长。

权势是一条大绳索

权势是一条大绳索，自我荣耀的优越感，驱使自己不断向上攀求，身心自缚不得自在；超越凡夫的心态，淡泊名利而不感到有所欠缺，这是心灵最富有的人，也是最快乐的人。

面对自己的过错

曾犯过错的人,要解开自己的心结,即使别人还无法接纳,莫看到一点脸色或听到一句话语,就又心事层层打结,拒绝与人群和合。要坦开心胸面对大众,具足信心毅力勇气,知错能改走出阴霾。

面对犯错的人

面对曾有过错者,必须疼惜、善待,增长他的菩提道苗;犹如台风过境,将落叶扫除尽净后,当扶疏、保护这棵树,使它再有枝叶繁茂之时。

真正的赢家

世间有何好计较,人生何必论输赢,不论人事如何对待,自心保持平静,没有输赢的感觉,这才是真正的赢家——赢回自然的本性。

真正的感恩

真正的感恩,是经历人生酸甜苦辣后,化成甘甜的真滋味;犹如走过种种考验、难关后,长养出豁达的胸襟,则"感恩"之心尽在不言中。

有人闹情绪时

在团体中做事，有埋怨心是自我障碍，会使自己因此懈怠；而若别人闹情绪，则要招呼他，陪伴着继续精进。

缩短难过的时间

遇到人事问题时，难免心里难过，但要努力缩短时间，感恩所有的人。

让环境成为推动自己向上的力量

若因家境贫苦,内心埋怨不平衡,就会迷失清净本性;若环境成为推动自己向上的力量,自爱而不受污染,日后就会有成就。

先反省,再包容,更感恩

若被人排斥,先自我反省而非埋怨别人;若自己无过,就要怀着包容心,温和善待;若依然不见好转,则感恩他人示相警惕要声色柔和,才能广结善缘。

心里的"防火墙"

只要心有定力，面对外境就能自我警惕，心门很快即有所防范而不被牵动；就如电脑里的"防火墙"，能保护电脑不让黑客侵入。

用佛法剪开无明网使佛性现前

人生世间，莫不都是作茧自缚，突破不了自织的无明网，将自我紧紧网住；唯有佛法能剪开这个无明网，使自己的佛性现前，不再受到任何牵绊。

自我障碍才有困难

调伏自心,发心立愿,难行能行,自然能克服种种困难;心不调伏则自我障碍,使得事事困难、步步困难。

"碰钉子"之后

人各有习气,沟通事务难免遭遇挫折"碰钉子"——碰到"软钉子",要能善解,莫心存芥蒂;碰到"硬钉子",心勿受伤,要自我抚慰,遇事皆以感恩心待之。

上根者"修",根拙者"休"

上根机者,能自我发现心念偏差,立即"修"正习气;根机拙者,当受到劝导指正,却是"休"止菩萨行。

做好心灵的堤防

最坚固的沙包在心里,时时照顾好自己的心,做好心灵的堤防,才能预防习气造作恶业。

反观自性

不要总是去看别人的习气,愈看愈不顺眼;应反观自性,将眼光反看自己有何习气,这就是反省。若反省有错,要勇于认错;认错忏悔过后,要善护清净的心地。

在规则中如处净土,在失序中如在地狱

身心在规律与规则中,心灵的轨道行在正确的方向,如处人间净土轻安自在;人生脱轨失序,所作所为损人不利己,则如在心灵地狱苦不堪言。

善、恶业皆源于心念

清净的佛性开启,是行善业;凡夫的习性引发,就造恶业,行善、造恶都不离一念心。

善恶一念间

起一念恶,消灭一切善;起一念善,破除百种恶,善恶只在一念间。

一人造恶影响天下

一句恶言,一念恶心,一个恶行,都会对家庭、社会、天下造成伤害;所以要发挥爱心,虔诚净化己心。

念念为善,日日平安

清除心灵旧怨,莫再新添烦恼;人人时时念念为善,天下才能日日平安。

把心铺平

怨恨冤仇牵连纠缠,生生世世无了时;欲了结此生怨恨,就要把心铺平,对人不起弃厌之心。

以恶对待,以善回报

受人障碍莫起烦恼,对方以恶对待,我们以善回报,就能渐渐化解恶缘;如清水不断注入浊水中,终能使脏污流散而彻底清净。

一切唯心造

一念心转善,是人间净土;一念心转恶,是人间地狱。

共业在秒中累积

畅一时之快不计后果,每一秒的造作累积众生共业,每一念的酿灾影响乾坤平安。

与自己竞争

人人都有善心也有习性,必须与自己竞争,坚持向善与向上,精进不懈怠。

【第六章】 社会祥和

在正信正法中安居乐业

用正信促使社会进步,用正法调和人心,社会人人在正信正法中,就能安居乐业。

一家亲

视人人为己亲,社区一家亲。

可爱的社会

人人自爱、人爱,是最可爱的社会。

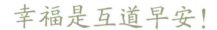

幸福是互道早安!

日日平安,是人生追求的希望。天天互道早安、午安、晚安,从早到晚欢喜祝福平安,这是多么幸福!所以要珍惜、把握——每一天早上,见了面就要对别人说声"早安"!

内修道德，外行礼仪

教学最重要的是"生活教育"，学生能"内修"伦理道德的观念，自然就能"外行"知书达礼的行仪，使自己一生受用无穷。

合众私德为公德

有爱心就有德行，这是个人的私德；若每个人都有爱心，合公众的私德，即能成就有公德心的社会。

说母语

说母语，是敬爱长辈的便捷方法。

老人家是宝

老人家真是好！年轻时即奋力打拼，用心耕耘家庭，从自身的小范围扩大到为世间付出，造就如今富有的社会，所以人人都应该要敬老尊贤。

真平等要展现人伦秩序之美

提倡平等要是非分明,执理一端会失去平衡,社会将呈现脱序乱象;人伦有辈分高低、长幼有序之别,能孝顺父母、感恩师长、敬重长辈,才能展现人性之美。

相知相成

火车厢相互连接时,卡榫相扣必有震动;人与人共事难免有震荡、波动,唯有彼此多了解,才能达成共识、成就事情,此即"相知相成"之理。

善解的角度

与人沟通要先去除成见,从"别人也很用心投入"的角度去想,予以肯定及赞叹后,再就事论事委婉讨论,问题就易于迎刃而解。

考虑别人的感受

功德要自己修,修养要平时练,做人做事考虑别人的感受,学会贴近别人的心,才能领众无碍。

有活络的感情，
做事才有"甘"的味道

人与人之间若无活络的感情，做事不会欢喜，甘愿做的那分"甘"的味道出不来；所以要凝聚共事者之间的向心力，必定要培养有情有爱的活络感情。

树立高尚品德

为人要树立高尚品德，守护自己朝向自爱爱人的价值观；犹如灯塔在黑夜中发出光芒，指引海上船只正确的方向。

自爱自重

自爱才能被人爱,自重才会受尊重。

做事与待人

做事,需勇于承担;待人,要善于宽怀。

帮助人和好

两人之间发生对错争执,不要在一方强调他的是而尽说别人不是;要做一个帮助人和好的人,不要制造人与人之间的对立。

千金买不到和谐

不要执著过去发生的争执,千金买不到和谐的感情;若总在清算陈年旧账,无异是自找烦恼。

以真心待友

朋友之间以真心相待,即使久未联络,一旦有困难需要帮忙,也会因为信任而再续因缘,尽心协助。

何需应酬

与人善结好缘,不在于应酬饭局;得人真心敬重,是在于品德典范。

互为益友善知识

事有善恶分别,人无贵贱差别,与人交往须疼惜朋友的缘分,互为益友、善知识,才能广结善缘,普度众生。

人皆为己师

人人都是我们的老师——温言爱语,是鼓励我们的品德;声色不佳,是鞭策我们的修养。

大爱非宠爱

教育之道是付出无私大爱,大爱非宠爱,百依百顺是百害无益;应引导孩子打理整齐仪表,具有作为人的功能,并能发挥助人的良能。

教育人文真善美

教育人文要具足真善美——教以传道使真心养德,育以授业能善立志愿,人品典范可美化人生。

传心、交心，道入心

老师用爱教育以传心，学生用心感受能交心，师生之间心心交会，所传的道才能契机入心。

挺立在天地之间

最好的教育，不是培育温室里的兰花，而是让孩子们走入人群开阔眼界，禁得起艳阳曝晒、大风吹袭、大雨倾盆，淬炼出强韧的身心力量，能适应任何环境，一如挺立在天地之间的大松树。

共同孕育下一代

师长教学生孝顺父母,父母教子女尊重师长,共同孕育孝顺与敬爱的下一代。

教育要教孝

"教"字中有"孝",教育中也要"教孝"——教导孩子回归做人的本性。

老师·父母·菩萨

老师心,父母心;父母心,菩萨心。

导于正向

爱的教育是导引学子人生正向——明是非、守伦理、识礼义、知廉耻。

爱的保护膜

教育要保持纯真的本质,运用智慧形成爱的保护膜,守护孩子清净的慧命。

拥抱天下的孩子

为人师长要用智慧拓宽胸量,莫只想到"自己"而没有想到"天下";总放不下自己的孩子,如何能拥抱天下的孩子?

择友的智慧

择友要有智慧,凡事附和自己的人,要谨慎小心;时相劝诫自己的人,为真心好友。

学习与教学的乐趣

人与人之间都是互动的关系,学生能谦恭受教,老师能欢喜付出,彼此就会有学习与教学的乐趣在其中。

回归"实业"

从事事业不要用"企业",企划过大就成泡沫经济;应该回归"实业"——用很殷实的力量来做事业,稳稳扎扎、实实在在地做事。

人文不是商机

人文教育是要弘扬正道、撒播善种,真正是无价胜有价,并非营利事业重在赚取多少价钱;所以莫将人文变成商机来追求利润,要珍惜人文清泉可以净化人心的良能。

商亦有道

在人群中贸易,要选择正当且有益于大众的生意,不仅要诚信不欺,还要取于社会,用于社会。

让富有人家体会法味道气

发心接引富有人家,一意高捧或百般讨好,即使他感到很适意,但对慧命实无助益;应引导他行菩萨道体会"法味道气",过着充满法喜的人生。

成功的领导

作为领导人,须先关心人。用心为人设想,给予温暖照顾,学习与人沟通,感恩别人的付出,则人必心存感恩,心甘情愿做事,发挥团队力量,这就是成功的领导。

走动关怀

身为主管带人要带心,亲身走动去关怀同仁,自然大家就会心服口服,志愿将工作责任做好;若是高高在上,只是坐着等人来或只是一指神功,不主动走向同仁与人互动,就很难带人、留住人。

不能一味严格要求

培养人才不能只是一味严格要求,也要用爱来关怀陪伴,否则培养出来的人,日后也就只知严厉待人而不懂得要爱人。

以爱为管理

主管对同仁付出真诚的爱,彼此的心念交会,相互的沟通入心,同仁才能提起使命感,转职业为志业,这就是"以爱为管理"。

欢喜心是最大的回报

对别人付出，若是为得重视、求保佑，此与主客两清的商业行为何异？在别人正需要时，给予适切的帮助，别人解除困难、我们心生欢喜，这就是最大的回报。

领导者的条件

培养人才不能操之过急，须以智慧辅导他具有稳定的个性，遇到境界心不退转，不轻易受到人我是非伤害，并且能打开心胸去适应别人，放下身段与人广结善缘，不骄慢待人而能人事圆融，这才具备领导者的条件，才能委以重任。

有人道精神的大医王

身为医师能以病为师,以病为亲,以病为己,即是具足人道精神的大医王。

生命工程的场所

医疗体系的设立,是为守护生命平安健康,不惜巨资充实空间与仪器设备,更有医护人员投注爱心与使命,所以医疗不是消费场所,是生命工程的场所。

医师治人身之病，菩萨救人心之病

人身之病有轻重之别，有赖医师累积医疗经验，临床对症治疗；人心之病也有难以调伏的"罕见疾病"，须有菩萨以正知正见，入世救心拔苦。

用媒体唤醒人心觉悟

媒体扮演着社会教化的重要角色，透过制播正向的社教节目，导正人心不再沉迷，才能唤醒人心觉悟，避免走入虚拟的幻觉世界，建立正确的伦理道德观念。

第六章·社会祥和

卷四
大家庭
——天地之间，共生共荣

天、地、人一体相关，
人在天与地之间生活，众生共业污染天地，
导致四大不调，灾难频起。
唯有顺应自然法则，敬天爱地，尊重生命，
生活简朴，与万物共生共荣，
天下风调雨顺，世界才能平安。

长养器量

【第七章】

短视为眼前求利益，宏观为永久立典范

目光短视者，为个人、为家庭，追求眼前的利益，不顾长远的未来；宏观天下者，为大地、为人类，在人群中立典范，谋求永久的安定。

长情大爱永留历史

时间如长河流沙，消逝于无声无息之中，将时间用于正确方向，分秒累积善与福，长情大爱永留历史。

心的力量无可限量

以慈悲开心门,包容无量人成就好因缘;用智慧启善念,接引有缘人同修大愿行。

有压力才有冲力

来到人间能承担大任,是可遇不可求的因缘,是人生的价值;即使压力沉重,有压力才有冲力,才能自勉挑负重责。

福缘相合，人见欢喜

有心就有福，发心造福结好缘，福缘相合、人见欢喜，自然能招来无量志同道合者，实现度化人间理想。

"游戏人间"的真义

"菩萨游戏人间"，意即无须计较人我是非，只求认真做好事、认真追求真理。

莫辜负生命

能做而不做，辜负的是自己生命的使用权。

清水润心田

无私的爱,如不可或缺的清水,滋润人人干涸的心田。

一分爱,一世情

付出一分爱,收获一世情。

不要有你那边、我这边的观念

真心为众,就不要有你是你、我是我,你那边、我这边的观念,相互关怀体贴,好好将心连结,就能成就天下事!

自知之明与识人之明

怀有理想的人,要有自知之明,个己之见并非绝对是好或绝对是对;要有识人之明,吸收别人好的观念来修正自己的想法。广纳众言,不自以为是,才能达成心中理想。

事因人成

个人再能干,不过是两只手;再会说话,不过是一张嘴;再多有心,不过几十年生命。事因人成,唯有无私为众、以德服人,才能广招更多人共同实现理想。

立愿后要使出力量

立愿之后,就要付出力量,有愿不出力难以成就,有愿力才能实现理想。

做人要懂理才行得通

懂理但不识字,条条道路行得通;学问高而不懂理,举足寸步难行。

通情达理

菩萨是通情达理，拉长情扩大爱，因此轻安自在；凡夫是通情不达理，因为拉起的是迷情、短情而不是觉有情、扩大爱，遂无法达理且满心烦恼。

菩提大道，长路无尽

作为人间菩萨，要用爱心铺展广阔无尽的菩提大道，引导人人稳步踏实向前走，直至心灵开阔的觉悟境界。

爱心不要深藏

爱心,不要深藏于心,鼓起勇气说好话,持之以恒做好事,就能得人善意以报,响应助人善行。

终身学习,走出自我设限

人生要有终身学习的心态,若自画框框、故步自封,走不出自我设限的格局,就无法开启生命的深度。

踏实忙碌,开心快乐

把握每一刻自我充实、向外付出,踏踏实实、忙忙碌碌,天天开心、天天快乐,就是最有价值的人生。

心行皆有法

法在心中则能自爱,法在行中则能爱人。

常在福乐中

为善常喜乐,轻安在福中。

用软语表达真心

付出,在于真诚的心与温言软语的表达。

彼此欢喜即是福

时时抱着欢喜心做事,共事者也会同感欢喜,凝聚成"福",则无事不成。

生命的勇者

觉悟无常,放下执著,展现坚强的韧力、心灵的解脱,就是生命的勇者。

运动家的精神

做好事要有运动家的精神,不是一时的活动,而是长时间的运动。

得来永远的温暖

虽然付出的人无所求,但被爱的人能时时感念,这分永远被怀念的温暖,使得人生更美好!

默默无闻亦轻安

人生犹如昙花一现,生命不过数十寒暑,无须挂怀有没有被人发现或欣赏,若能时时照见自己清净的本性,即使默默无闻,人生也自然轻安自在。

"简单"要下功夫

心思简单,与人无争才能时时欢喜。要有"简单"的心,就得下功夫;犹如挥毫数分钟完成的画作,简单的几笔却是书画家数十年功夫的累积!

淡泊、宁静是心灵享受

心中无欲无求,就能宁静、自在、安然;那分开阔、淡泊的境界,是一种心灵享受。

福种累积,福报绵延

种子细心浇灌,一粒种子成长整株稻穗,此即一生无量;善念不断累积,粒粒福种成就人间好事,就能福报绵延。

舍烦恼得清净

舍一分烦恼,得一分清净;布施一分财物,得一分轻安。

八分饱

日食八分饱,二分助人好。

最彻底的环保

心灵净化是最彻底的环保,少欲知足就能改变生活习惯,保护自然环境免于受到无尽开发的破坏。

疼惜・尊重

环保,不但是疼惜物命,也是尊重生命。

做环保,没烦恼

疼惜物命做环保,因为专心一志而浑然忘我,不仅身体愈做愈健康,心灵垃圾也渐渐去除,故说环保是道场。

惜福造福

回收资源是惜福,再制利用是造福。

能珍惜就是做环保

环保就是惜物爱人,不只要用心回收有形的资源,更要珍惜时间、空间、人与人之间,把握当下付出爱。

做环保、说环保

弯腰"做"环保——身体力行;挺腰"说"环保——推广带动。

回收再造人品

做环保不仅能呵护地球,也可以回收自己,再造清净的人品。

心启动,手推动,脚行动

环保应从心启动,进而双手推动、双脚行动,形成爱的循环。

菩萨道场、身心皈依处、知识宝库

环保站是菩萨道场,可以共修分享人生哲理;是身心皈依处,可以行善造福去习气;是知识宝库,可以探讨天地万物因缘和合的真谛。

平安就是福

平安就是福——在平常生活中,身心健康轻安,日子不知不觉地过去,此即最幸福的人生。

简单生活

生活多一点简单,心灵多一分欢喜。

富足有余

无贪最富足,有德富有余。

为子孙积福

爱惜物命、节省消费,也是为子孙多积一分福。

勤俭布施

浪费资源,是造恶业;勤俭布施,是造福德。

珍惜粒米滴水

不轻视一粒米，不浪费一滴水，则能富有余。

爱惜"物"命

爱惜物命，不只是珍惜平时使用的物品，人物及动物等生命体也是"物"，都要用爱疼惜。

朴实勤劳才能"固本"

地球资源有限，唯有向全民推动朴实勤劳的精神，改变过度消费、玩乐的行为，才能"固本"保护地球资源。

心素

"食"素,也要"心"素——内心清净,不生烦恼。

素食菜根香

生活若简朴,素食菜根香,五谷皆佳肴,身心常安康。

身心都环保

心理环保,不贪婪无度;生理环保,素食护生少污染。

素食三得

素食三得——培养爱心、有益健康、保护地球。

宣导在家炊煮、茹素

俭朴素食益处多,能表达尊重生命的诚意与美德,能和合全球虔诚斋戒的声波共振致祥和,并且食材节量、厨余减少,有助于缓和温室效应,所以应多宣导在家炊煮、茹素。

斋戒就是做环保

"斋"是洁净身心,保护众生生命;"戒"是防非止恶,保护自己不造恶业。能斋戒就是心灵与大地的环保。

护生爱地球

少肉食、多护生;做环保、爱地球。

水,法水,法髓

自然之水,滋养大地、长养生命;法水,滋润心灵、洗涤无明;法髓,成长慧命、成就道业。

水是大生命

水是大地万物的大生命,无水就无生机,所以要感恩有水,珍惜水、适度用水。

鸡啼、狗吠都在说法

善知识普遍在天地众生间,即使鸡啼、狗吠也都在说法;只要将心静下来,以清净本性面对天下人事物,则时时能得良好的教育,处处都是见道的因缘。

天地万物无不是师

春夏秋冬景象不同,天地万物无不是师,只要用心观察,都是教育。

道理重在实用而不在深浅

长篇大论洋洋洒洒，若受高等教育也无法受用，只是沦为空谈而已；道理重在实用而不在深浅，理能入心、启发善良本性，脚踏实地知行并重，才能真实体会人生美好风光。

自受用后才能对外运用

平时法水注润于心，在人事上内修历练；自受用后对外运用，自然能与人结好缘，使人闻法入心。

一念心容摄天地真理

用心体会,山河大地无不都在说法;用心聆听,天地万物动静之间无不都是法音。时时将心用在宁静中,体会一切法身,聆听一切法音,简单的一念心,可以容摄宇宙天地万物之真理。

人生充满智慧之光

心乃无法不能,打开心门,突破无明,万法皆通;智慧之光,美好之境,围绕在人生里。

在因缘果报中生生不息

一颗种子落地，萌芽、开花、结果之后，新生的种子再依此循环；人生的剧本都是自己所写，种下业因、缘聚、受果报之后再造业因，在因缘果报中往复不已。

点亮生命烛光，人生来去自如

每个人都有一盏生命的烛光，烛光放在黑暗的房间里，日久积尘就淹没了明亮的本性；我们应该将烛光点燃，照见心室里的丰富宝藏，照亮人生未来的方向，将人生之路铺成来去自如的平坦大道。

用心珍惜，莫叹可惜

与其虚度光阴而"可惜"，不如用心"珍惜"大好人生。

以有限的生命得到无限的智慧

每个生命都很宝贵，每个生命都很有限，把握有限的生命用在正确的方向，就是智慧。

计划未来，计较现在

人生不到百年而常为"百年计"，为未来计划而与人现在计较；应用心深思无常而把握当下，不要为所欲为、得过且过。

后秒推前秒

时间消逝迅即，后秒推着前秒，若秒秒空过，过了一天就空过了一天；在活着的每一天，要把握住每一秒钟，珍惜生命的时间。

累积人人付出的时间

无数的人付出一个动作，集中无数人的动作就能扩大空间，帮助更多的人；每个人付出一秒钟，多一个人就多一秒钟，集中无数人付出的一秒钟，累积人人付出的时间，就能成就一切的志业。

生命在岁月中老去

时间在眨眼间消逝，生命在岁月中老去，该做的事要坚持到底，即使无人肯定、少人响应，也要尽心力、尽人事。

一天光阴匆匆,一生岁月不长

人生岁月有多长?无常不知何时到。生命究竟有几天?今日不知明日事。一年不过三百六十五天,一生数十年也才两万多个日子。一天光阴匆匆过,切莫懈怠!

唯一的一天与一秒

每一天,都是唯一的一天;每一秒,也是唯一的一秒;再短暂的瞬间、秒间,都要慎重认真利用。

无常与时间挡不住

人生有两件事挡不住，不知是否还有明天，无常挡不住；分秒流逝匆匆不停留，时间挡不住。体认无常，把握时间，今日事今日毕，步步踏实向前进。

感恩过去，珍惜未来

感恩过去的每一天，平安度过每一秒；珍惜未来的每一天，谨慎度过每一秒。

把握快速闪过的善念

"秒"很短暂,"念"更快速,若能把握快速闪过的善念而行善事,这一秒钟即是永恒。

过秒关

在极短的时间内过不去,人体小乾坤就无法继续生存;在极短的时间内发生灾难,刹那间就会改变一生的命运,所以要用"过秒关"的心念把握每一秒。

恒持好心念是集福

恒持刹那间的好心念,每一秒都做好事,就是在为自己"集福"。

生命更广阔更深刻

心宽让生命更广阔,念纯使生命更深刻,心宽念纯可以净化己心、成长慧命。

平安、快乐、祥和

安分守己戒慎虔诚最平安,走入人群为人付出最快乐,帮助别人行菩萨道最祥和;平安、快乐、祥和,就是最有福的人生!

每一天都在福慧中

人生应运用智慧选择人生方向作为慧命中的主流,一脚福、一脚慧,一步福、一步慧,福慧一步一步走,每一天对人对事对物都要在福慧中。

最灵感的菩萨

最灵感的菩萨在我们的心中,心很宽阔就没烦恼,心中有爱就能包容。

感恩、有爱,就有福

感恩过去的每一个时刻,用真诚的爱面对未来的每一个人、每一件事,就是有福之人。

要令人敬爱，不要令人敬畏

自我照顾好心地，自我控制好脾气，做一个令人敬爱的人，不要做一个令人敬畏的人。

软性的爱的力量

"软实力"，是软性的力量，是用爱深入人心，接引人在爱的大环境中，潜移默化洗净心地。

相互障碍的原因

太私我与自我,就容不得别人,就容易相互障碍;要说我就说"大我",要说爱就说"大爱",去除私我的执著,事情才能做得皆大欢喜。

执小我就心乱,为大众则解脱

不要太在意障碍我们的人,也不要与他们起争执,若是太在意或起争执,这就是"我执",自己缩在自己的小我里,遇到人事就稳不住脚步、乱了方向。若有大爱无私之心,时时想着为大众做事,就不会困在个己的烦恼里挣脱不出。

修到德相,人见欢喜

我们应多考虑,自己做得很欢喜,别人可有欢喜?若他人都不欢喜,只是自己"得"到欢喜,这就没有修到"德";若能"内能自谦,外能礼让",就能显出"德"相,必"得"人的尊敬与欢喜。

决心克制

习气是日积月累所成,欲克服不好的习气,得下定决心在日常生活中,不断地自我警觉、自我克制,才能使好习惯成为自然。

没有众生无法磨炼出菩萨

如果没有众生,哪能磨炼出菩萨来呢?世间事难得十全十美,要有开阔的心胸,才能禁得起任何磨炼!

在人事中磨炼出的心得就是智慧

智慧是从人与事之中磨炼所得,离开人群,缺少磨炼,便无心得,也就难以得到智慧。

经营事业的人文精神

经营事业要想到天下苍生,不要只是追求商业利益,要有长远的规划思考,有没有污染到天,有没有伤害到地,有没有顾好人心,天、地、人三方面展现文明社会的美好人文,才是有福的世代。

生机与商机

天灾起于人祸,人祸不只是战乱,祸害是在生活中累积。社会企业化带来旺盛商机,短视的商机过度刺激消费,引导人心造业,伤害地球资源,"商业"成为"伤"害性的造"业";唯有不执著奢靡无度的生活享受,保护地球生机,而非追逐商机,人类才有平安的未来。

大道与众偕行,小路茫然独行

道路有大有小,心地放宽就能为天下众生铺大道,与大众偕行正确的方向;若是心胸狭窄,只能铺就小路,自己一个人茫然孤单独行。

付出无烦恼,真善美现前

真善美的世界在哪里?真善美不是虚无缥缈的境界,唯有投入人群去付出,并且不在复杂的人事中烦恼,就能真实体会人性的善良与人生的美好。

投入"事"而接触"人"

唯有走入人群去付出，因投入"事"而接触"人"，经由种种人事历练后，心灵道场更开阔、智慧更增长。

做事不伤人，能做尽力做

因知见不同所引起的是非争执，要用智慧审思判断，只要不伤害人并且问心无愧，对的事能做就尽力去做。

见苦知福

走入人群去付出,从人生的苦难,体会自己的福,自我警惕生活节俭些就能帮助很多人,此即"见苦知福"。

爱是永远最有价值的人生观

钱财的有无、地位的高低、职业的差别,都没有一定的价值标准;唯有一项是不论在哪里都是最有价值的人生观——就是"爱"。

生命的价值在于"用"

生命的价值在于"用"——这个人需要你,这个时间需要你,这个空间需要你;自己的生命时时都被需要,将生命用在被需要的时候,就是最有价值的生命。

要写好文章,不要在纸上乱画

人心清净如白纸,受烦恼无明污染的人,就如在这张白纸上乱画;善用生命价值的人,则是在这张白纸上写出好文章。

人和事乃成

只是个人能干或埋头苦干,若不得人心,不是招来非议,就是难以为继;必须是"群众能干"并且"群众苦干",唯有"人和"才能成就。

要"觉有情",而非"绝有情"

人与人之间的互动要"觉有情"——觉悟的有情,而非"绝有情"——拒绝有情;对己严格自律守规则,待人以宽以纯以慈悲,在和气互爱中展现温馨的朝气与道气。

能够眼听耳见的爱

自我启发爱的能量,缩小自己做对的事;心中的这分爱,用眼睛听得到、用耳朵看得到。

自我祝福与培德

启发一念爱心,是为自己祝福;舍多舍少乐助人,都是一分功德。

单纯的力量

毅力,来自于单纯的心;心念纯真,自然就有坚持的力量,则天下无难事。

要"永恒承担",也要"勇于承担"

人生短暂,要"永恒承担",行正道不退转;莫轻己能,要"勇于承担",有心则事必成。

音声相合影响人,感动人前后相随

好话相对、爱语相受,才能音声相合影响人;行好事、做典范,才能感动人前后相随。

重道义

愈是老一辈的人,愈能体会德行的重要,所以做人做事重道义——道是道理,义是理所当然应该力行之事。

维护清净名声是真"爱名"

世间人好名逐利,非分妄求的结果是身败名裂;真正的"爱名",是维护清净名声,洁身自爱,不受欲求污染。

能伸能缩真功夫

能领众、能跟随,能入群共事、也能关怀别人,为人行事能伸能缩才是真功夫。

放空归零力量大

将"我"归零到"真空",放空归零才能体会"妙有"的大力量——缩小到不碍人眼更钻进人心中,人人将你放在心上,觉得"不能没有你",此即纳米良能的道理。

天下无灾

〖第八章〗

尊重彼此才能和平相处

用爱心对待万物,尊重彼此不同的生态,方能与万物和平相处,共生共荣。

世界和平人人有责

自己能坚持诚心、善念,也劝导人与人之间有温馨的互动,才能使世界人心和平安定。

天下一家

视天下为一个大家庭,视全人类为一家人,人人具有天下一家的理念,人间就不再有冲突,大地就不再受污染,普天之下一片祥和温馨。

珍惜的心是净土

在平和的社会里要很珍惜,珍惜一切物资,珍惜人与人之间的感情,珍惜自己拥有良能可以利益众生;有这分珍惜的心,当下就是人间净土。

爱心可以被启发

每个人都有爱心可以被启发，每个人都有力量可以去付出；让生命充满爱心，富中之富的人生最亮丽；社会多些爱心人，苦难的人更有得救的机会，世间就会更平安。

大地众生平平安安

将小爱扩为大爱，爱自己、爱众人、爱大地；大地安则众生安，众生安则自己才能平安。

世间大福

用心造福，彼此祝福，世间就有大福。

单纯善良可以画出美景

善良的心,能为自己画出美好的心境;单纯的爱,能为人间创造美丽的境界。

感恩心是助力

付出的人虽无所求,接受的人有感恩心,就会增加助人的热诚,这就是世间爱的循环。

一颗善种成万善之林

一念善因,是一颗善的种子;一念善生,可扩为万善之林。

累积功德,气候调和

内守净戒不受惑,即是"功";外能助人行善道,就是"德",累积功德就能气候调和、大地平安。

力行善事就是在说法施教

并非唯有法师讲经说法,才是在度众生;身体力行做善事,就是在为众生现身说法,为天下施教化。

对天地尽心

生活中落实节能减碳,是对天地尽一分心力。

花草有情

觉有情之人,所见的花草树木,无不都是有情,对有知觉的生命会爱护,对无情的物命也会爱惜。

感同身受,惜人爱物

大悲以身为天下,苦人之苦;大智以身为天下,乐人之乐;大爱以恒善救人,常无弃人;常存善念救物命,故无弃物。

小虫有灵性,能和乐共处

世上的一草一木看来都好亲切,树上有青青的毛毛虫,石头上有如毫芒般的小蜘蛛以及其他的小虫;小生命都很有灵性,都能和乐共处,互不相碍,人与人之间,不也该像它们一样吗?

天、地、人息息相关

在人世间，人是在天与地之间，天、地、人息息相关，天时不调、大地毁伤，都是居于天地中间的人所造成；如何保护天、如何安住地，就是要人心净化，天、地、人才能皆平安。

心富就是福

普天之下贫富不均，脱离贫穷实非易事，但是人心可以均富；少欲知足，乐于付出，心灵富有就是福。

心知足就公平

山河大地高低不平,生活有富裕、贫穷,身份地位也有差别。强求公平,徒生事端或不快;若心知足,一切就公平、富有。

万法之源是心

天下为何灾难频传?一切唯心造。心外无法,万法之源是心,欲知世间万象的本源,就要往内探究心法;一念心能行善造恶,天下大事人人有责,所以要发大心立宏愿,才能救度世间苦难。

肤慰心灵，守护平安

人人各有所长、各有良能，只要提起发心立愿的使命，就能在普天之下、国际之间肤慰心灵、守护平安；人与人之间爱与爱汇合、感恩与感恩互动，人间的画面美丽又温馨。

带动万人同善心

向善呼吁，带动社区虔诚祈祷；善的心声上达天听，消弭灾难。

救人的人很有福

五浊恶世灾难偏多,灾难发生于刹那间,于普天之下,能做救人的人,实在是很有福!所以要把握能救人、帮助人的因缘。

会合无数人的爱心才能"发大心"

所谓"发大心",意思是会合无数人的爱心,才能成就"大心"救济苍生;若只是自己一个人发心,发的心再大也不过是一颗心。

自动自发自愿

菩萨是自动自发自愿,以慈悯心投入人群,在苦难中穿梭,在付出中觉悟。

人间菩萨带来春天的气息

菩萨心,永存春阳在内心,大爱伸向苦难人,阳光透进人心中,为人间带来春天的气息。

超越的心境自修自得

有形的建筑物盖得再高都会被超越,无形的心灵境界则是自修自得;当不断自我超越直至"慈悲等观"的境界,如佛菩萨不起分别心,能平等看待众生、度化众生。

助人温饱

饥时得粮,寒冬得衣;助人温饱,身心最乐。

慈善人文

以菩萨的智慧，肤慰众生的苦难，同时撒播爱的种子，使他们也体会到助人的欢喜，去除心中的埋怨，此即慈善人文。

平常时撒播爱，非常时号召爱

人间菩萨如大地农夫，平常时走入片片心田撒播爱的种子，带动有规则秩序的生活；非常时就做后援救灾工作，号召人人付出爱的能量，有条不紊地恢复家园。

菩萨以灾为师

菩萨以灾为师,以天下灾情为师、为道场,要珍惜可以付出的时机,因应灾民的需求,在能力范围内尽心力,尽量达到有求必应的程度。

付出得来觉悟

为人群付出的代价,就是觉悟真谛道理——见闻灾难之相,体会无常之理;以心会理,福慧双修。

世间需要正信宗教

人世间常需要宗教的力量，正信的宗教是人性的规范、心灵信仰的依靠，导引人生行于正向。

温暖的爱是正法的教育

发挥内心温暖的爱，不辞劳苦、不畏繁重、不计艰辛，但愿肤慰苦难者的身心，这分关怀天下的开阔爱心，就是佛陀正法的教育。

无私大爱

以无私抚平对立，用大爱温暖冷漠。

丰富的爱,温暖的光

付出的人,恭敬尊重,就如自己接受到丰富的爱;接受的人,感恩知足,就如温暖的光辉照耀脸容。

众生之福

社会平安,是人民之福;大地平安,是众生之福。

大地如母

大地如母亲,负载众生,长养万物,我们应以感恩心,疼惜大地。

天下众生共生息

天下一片地,众生共生息;心宽让一寸,善念息争端。

过自然的生活

尊重自然、顺应自然,过自然的生活,才能修补地球的毁伤。

大地健康,众生平安

大地养育万物,四季自然运转,万物应时而生长繁衍,众生与大地共生息,皆在生命共同体之中;大地若健康,依止大地生活的众生才会平安。

以素食培养慈悲心

天气不调则地球气候乱序,脾气不调则人伦道德失序;以素食培养慈悲心,人人心地纯朴善良,对身体健康、对世界环境都有益处。

心地变,天地变

天地都在变迁中,天气在变,地质也在变,一切都是因为人心在变;所以要调好自己的心,回归清净自然的本性,世间才能平安。

大自然的生机

过度消费,是伤害大自然的生机。

生养之恩，化育之德

珍惜生命，是感念父母生养之恩；为人群付出，是感念社会化育之德。

山体养息

人体需要休息，山体也需要养息——减少开发、做好水土保持。

十在心路

在苦难中长养慈悲
在变数中考验智慧
在艰难中激发韧力
在繁琐中学习耐性
在复杂中欣赏优点
在理想中追求进步
在人我中相互感恩
在社会中祥和无争
在大地中长期养息
在天下中消弭灾难

最好的过节方式

提倡复古之风,并非是回复造成危险、污染、浪费的民俗活动,应恢复的是早期社会浓厚的人情味,通过节庆拉近感情、增添喜气,这才是最好的过节方式。

不求多余心自定

为天下而承担,所行益于人间,就能尽人生社会的责任;安心静定少欲知足,衣食足够不求多余,就能有效减缓全球暖化问题。

第八章·天下无灾

图书在版编目(CIP)数据

孝为人本——世界和平的守护力量/释证严著.—上海:复旦大学出版社.
2014.6(2019.9 重印)
(证严上人著作·静思法脉丛书)
ISBN 978-7-309-10650-3

Ⅰ.孝… Ⅱ.释… Ⅲ.孝-文化-研究-中国 Ⅳ.B823.1

中国版本图书馆 CIP 数据核字(2014)第 095176 号

原版权所有者:静思人文志业股份有限公司授权复旦大学出版社
出版发行简体字版

慈济全球信息网:http://www.tzuchi.org.tw/
静思书轩网址:http://www.jingsi.com.tw/
苏州静思书轩:http://www.jingsi.js.cn/

孝为人本——世界和平的守护力量

封面"静思语"题字为证严上人墨宝
封面"静思法脉丛书"题字为胡念祖先生

著作者:释证严
总编辑:释德侃
丛书策划:黄美之、翁培玲、沈凯庭、赵佩珉、许菱窈
繁体字版责任编辑:张胜全、吕佩珊、叶柏奕、苏伟然、郑凤芳
　　　　　　　　游瑞婷、林恬如、陈靖旻、王玮乡
繁体字版美术编辑:蔡淑婉
封面画作:刘建志
图绘协力:刘建志、林碧丽
篆刻协力:陈胜德
责任编辑/邵　丹

复旦大学出版社有限公司出版发行
上海市国权路 579 号　邮编:200433
网址:fupnet@fudanpress.com　http://www.fudanpress.com
门市零售:86-21-65642857　　团体订购:86-21-65118853
外埠邮购:86-21-65109143
上海丽佳制版印刷有限公司

开本 890×1240　1/32　印张 6.5　字数 90 千
2019 年 9 月第 1 版第 3 次印刷
印数 8 201—10 300

ISBN 978-7-309-10650-3/B·503
定价:42.00 元

如有印装质量问题,请向复旦大学出版社有限公司发行部调换。
版权所有　　侵权必究